AF188546

Impressum
Verlag: BABADADA GmbH, Nedderfeld 112 , 22529 Hamburg
Geschäftsführer / Verlagsleitung: Harald Hof
Druck: Books on Demand GmbH, In de Tarpen 42, 22848 Norderstedt

Imprint
Publisher: BABADADA GmbH, Nedderfeld 112 , 22529 Hamburg, Germany
Managing Director / Publishing direction: Harald Hof
Print: Books on Demand GmbH, In de Tarpen 42, 22848 Norderstedt

diviser
除

186/2

le tableau noir
黑板

la salle de classe
教室

la cour (de récréation)
校园

le professeur
老师

le papier
纸

écrire
书写

le stylo
钢笔

le bureau
办公桌

la règle
直尺

le livre
书

l'élève
学生

le cartable

书包

la trousse

铅笔盒

le crayon

铅笔

le taille-crayon

卷笔刀

la gomme

橡皮擦

le carnet à dessin

画板

le dessin

图画

le pinceau

画笔

la boîte de peinture

颜料盒

les ciseaux

剪刀

la colle

胶水

le cahier d'exercices

练习册

les devoirs

家庭作业

le chiffre

数字

additionner

加

soustraire

减

multiplier

乘

calculer

计算

la lettre

字母

l'alphabet

字母表

le mot

字

le texte

课文

lire

读

la craie

粉笔

la leçon

上课

le livre de classe

登记

l'examen

考试

le certificat

证书

l'uniforme scolaire

校服

la formation

教育

le lexique

百科全书

l'université

大学

le microscope

显微镜

la carte

地图

la corbeille à papier

废纸篓

l'hôtel
酒店

Grand

l'auberge
青年旅社

le bureau de change
外币兑换处

la valise
手提箱

la voiture
汽车

la langue

语言

oui / non

是/否

d'accord

好的

Salut

您好

l'interprète

翻译员

merci

谢谢

Combien coûte...?

......多少钱？

Je ne comprends pas

我不明白

le problème

问题

Bonsoir !

晚上好！

Bonjour !

早上好！

Bonne nuit !

晚安！

Au revoir

再见

la direction

方向

les bagages

行李

le sac

包

le sac-à-dos

双肩包

l'hôte

客人

la pièce

房间

le sac de couchage

睡袋

la tente

帐篷

l'office de tourisme

旅游信息

la plage

海滩

la carte de crédit

信用卡

le petit-déjeuner

早餐

le déjeuner

午餐

le dîner

晚餐

le billet

票

l'ascenseur

电梯

le timbre

邮票

la frontière

边界

la douane

海关

l'ambassade

大使馆

le visa

签证

le passeport

护照

l'avion
飞机

le navire
船

le véhicule de pompiers
消防车

le bus
公交车

le camion
卡车

bateau à moteur
汽艇

la bicyclette
自行车

la voiture
汽车

le ferry

摆渡船

la barque

小船

la moto

摩托车

la voiture de police

警车

la voiture de course

赛车

la voiture de location

租车

l'auto-partage

拼车

la voiture de remorquage

拖车

la benne à ordures

垃圾车

le moteur

发动机

l'essence

汽油

la station d'essence

加油站

le panneau indicateur

交通标志

le trafic

交通

l'embouteillage

交通堵塞

le parking

停车场

la gare

火车站

les rails

轨道

le train

火车

le tramway

电车

le wagon

货车

le transport - 交通运输

l'hélicoptère

直升机

l'aéroport

机场

la tour

塔

le passager

乘客

le conteneur

集装箱

le carton

纸板箱

le chariot

手推车

la corbeille

篮子

décoller / atterrir

起飞/降落

la ville

城市

le village

村庄

le centre-ville

市中心

la maison

房子

le cinéma
电影院

la publicité
广告

le réverbère
路灯

la rue
街道

le taxi
出租车

le kiosque
小吃店

le piéton
行人

le trottoir
人行道

le passage piéton
斑马线

la poubelle
垃圾箱

le carrefour
十字路口

les feux de circulation
红绿灯

CINEMA

la cabane

小屋

l'appartement

公寓

la gare

火车站

la mairie

市政厅

le musée

博物馆

l'école

学校

l'université

大学

la banque

银行

l'hôpital

医院

l'hôtel

酒店

la pharmacie

药房

le bureau

办公室

la librairie

书店

le magasin

商店

le fleuriste

花店

le supermarché

超市

le marché

市场

le grand magasin

百货商店

la poissonnerie

鱼店

le centre commercial

购物中心

le port

海港

le parc

公园

la banque

长凳

le pont

桥

les escaliers

楼梯

le métro

地铁

le tunnel

隧道

l'arrêt de bus

公交车站

le bar

酒吧

le restaurant

餐馆

la boîte à lettres

邮筒

le panneau indicateur

路标

le parcmètre

停车计时器

le zoo

动物园

le réverbère

游泳馆

la mosquée

清真寺

la ferme

农场

la pollution

污染

la cimetière

墓地

l'église

教堂

l'aire de jeux

操场

le temple

寺庙

le paysage

地形

la feuille
树叶

le panneau indicateur
指示牌

le chemin
路

le pré
草地

la pierre
石头

l'arbre
树

le randonneur
徒步旅行者

la rivière
河

l'herbe
草

la fleur
花

la vallée

峡谷

la montagne

山

le lac

湖

la forêt

森林

le désert

沙漠

le volcan

火山

le château

城堡

l'arc-en-ciel

彩虹

le champignon

蘑菇

le palmier

棕榈树

le moustique

蚊子

la mouche

苍蝇

les fourmis

蚂蚁

l'abeille

蜜蜂

l'araignée

蜘蛛

le coléoptère

甲虫

la grenouille

青蛙

l'écureuil

松鼠

le hérisson

刺猬

le lièvre

野兔

la chouette

猫头鹰

l'oiseau

鸟

le cygne

天鹅

le sanglier

野猪

le cerf

鹿

l'élan

麋鹿

le barrage

水坝

l'éolienne

风力发电机

le panneau solaire

太阳能电池板

le climat

气候

le serveur
服务员

le menu
菜单

la chaise
椅子

la soupe
汤

la pizza
披萨饼

les couverts
餐具

la nappe
桌布

les hors d'œuvre

前菜

le plat principal

主菜

le dessert

甜点

les boissons

饮料

l'alimentation

食物

la bouteille

瓶子

le fast-food

快餐

les plats à emporter

街边小吃

la théière

茶壶

le sucrier

糖盒

la portion

一份饭菜

la machine à expresso

意式咖啡机

la chaise haute

高脚椅

la facture

账单

le plateau

托盘

le couteau

刀

la fourchette

餐叉

la cuillère

勺子

la cuillère à thé

茶匙

la serviette

餐巾

le verre

玻璃杯

l'assiette

碟子

l'assiette à soupe

汤盘

la soucoupe

碟子

la sauce

酱

la salière

盐瓶

le moulin à poivre

胡椒磨

le vinaigre

醋

l'huile

食用油

les épices

调味料

le ketchup

番茄酱

la moutarde

芥末

la mayonnaise

蛋黄酱

l'offre promotionnelle
特价

le client
顾客

les produits laitiers
乳制品

les fruits
水果

le chariot
购物车

la boucherie

肉铺

la boulangerie

面包房

peser

称重

les légumes

蔬菜

la viande

肉

les aliments surgelés

冷冻食品

la charcuterie

冷盘

les conserves

罐头食品

la poudre à lessive

洗衣粉

les bonbons

甜食

les articles ménagers

日用品

les détergents

清洁用品

la vendeuse

销售员

la caisse

收银机

le caissier

收银员

la liste d'achats

购物清单

les heures d'ouverture

开放时间

le portefeuille

钱包

la carte de crédit

信用卡

le sac

袋子

le sac en plastique

塑料袋

le supermarché - 超市

l'eau

水

le jus de fruit

果汁

le lait

牛奶

le coca

可乐

le vin

红酒

la bière

啤酒

l'alcool

酒

le chocolat chaud

可可

le thé

茶

le café

咖啡

l'expresso

意式浓缩咖啡

le cappuccino

卡布奇诺

la banane
香蕉

la pomme
苹果

l'orange
橙子

le melon
西瓜

le citron.
柠檬

la carotte
胡萝卜

l'ail
大蒜

le bambou
竹子

l'oignon
洋葱

le champignon
蘑菇

les noisettes
坚果

les pâtes
面条

les spaghetti

意大利面条

le riz

米饭

la salade

沙拉

les pommes frites

薯条

les pommes de terre rôties

炸土豆

la pizza

披萨饼

le hamburger

汉堡包

le sandwich

三明治

l'escalope

炸猪排

le jambon

火腿

le salami

萨拉米

la saucisse

香肠

le poulet

鸡肉

le rôti

烤肉

le poisson

鱼

les flocons d'avoine

燕麦片

le muesli

穆兹利

les cornflakes

玉米片

la farine

面粉

le croissant

羊角面包

les petits-pains

面包卷

le pain

面包

le pain grillé

烤面包

les biscuits

饼干

le beurre

黄油

le fromage blanc

凝乳

le gâteau

蛋糕

l'œuf

蛋

l'œuf au plat

煎蛋

le fromage

奶酪

l'alimentation - 食物

la glace

冰激凌

le sucre

糖

le miel

蜂蜜

la confiture

果酱

la crème nougat

巧克力酱

le curry

咖喱饭

la ferme
农舍

la botte de paille
稻草捆

la grange
粮仓

le champ
田野

le cheval
马

la remorque
拖车

le poulain
马驹

le tracteur
拖拉机

l'âne
驴

l'agneau
羔羊

le mouton
羊

la chèvre

山羊

la vache

奶牛

le veau

牛犊

le porc

猪

le porcelet

小猪

le taureau

公牛

l'oie

鹅

le canard

鸭

le poussin

小鸡

la poule

母鸡

le coq

公鸡

le rat

鼠

le chat

猫

la souris

老鼠

le bœuf

牛

le chien

狗

le chenil

狗屋

le tuyau de jardin

花园浇水软管

l'arrosoir

洒水壶

la faucheuse

长柄大镰刀

la charrue

犁

la faucille

镰刀

la pioche

锄头

la fourche

长柄草耙

la hache

斧头

la brouette

独轮手推车

la cuve

饲料槽

le pot à lait

牛奶罐

le sac

麻布袋

la clôture

栅栏

l'étable

马厩

le serre

温室

le sol

土壤

les semences

种子

l'engrais

肥料

la moissonneuse-batteuse

联合收割机

récolter

收割

la récolte

收割

l'igname

山药

le blé

小麦

le soja

大豆

la pomme de terre

土豆

le maïs

玉米

le colza

油菜籽

l'arbre fruitier

果树

le manioc

树薯

les céréales

谷物

la cheminée
烟囱

le toit
屋顶

la gouttière
落水管

la fenêtre
窗户

le garage
车库

la sonnette
门铃

la porte
门

la poubelle
垃圾桶

la boîte aux lettres
信箱

le jardin
花园

le salon

客厅

la salle de bain

浴室

la cuisine

厨房

la chambre à coucher

卧室

la chambre d'enfant

儿童房

la salle à manger

餐厅

le sol

地板

le mur

墙壁

le plafond

吊顶

la cave

地窖

le sauna

桑拿

le balcon

阳台

la terrasse

露台

la piscine

游泳池

la tondeuse à gazon

割草机

la housse

被单

la couette

床罩

le lit

床

le balai

扫帚

le sceau

水桶

l'interrupteur

开关

la maison - 房子

le papier peint
壁纸

l'image
照片

la lampe
台灯

l'étagère
搁架

l'armoire
橱柜

la cheminée
壁炉

la télé
电视机

la fleur
花

le coussin
垫子

le sofa
沙发

le vase
花瓶

la télécommande
遥控器

le tapis
地毯

le rideau
窗帘

la table
餐桌

la chaise
椅子

la chaise à bascule
摇椅

le fauteuil
扶手椅

le livre

书

la couverture

毯子

la décoration

装饰品

le bois de chauffage

木柴

le film

电影

la chaîne hi-fi

高保真音响

la clé

钥匙

le journal

报纸

la peinture

油画

le poster

海报

la radio

收音机

le bloc-notes

笔记本

l'aspirateur

吸尘器

le cactus

仙人掌

la bougie

蜡烛

le salon - 客厅

le réfrigérateur
冰箱

le four à micro-ondes
微波炉

la balance de cuisine
厨房秤

le grille-pain
烤面包机

le détergent
洗洁精

le four
烤箱

le compartiment congélateur
冰柜

la poubelle
垃圾桶

le lave-vaisselle
洗碗机

le four

炊具

la casserole

锅

la marmite

铸铁锅

le wok / kadai

炒锅

la poêle

平底锅

la bouilloire electrique

水壶

le cuiseur vapeur

蒸锅

la plaque de cuisson

烤盘

la vaisselle

陶瓷锅

le gobelet

马克杯

la coupe

碗

les baguettes

筷子

la louche

长柄勺

la spatule

铲子

le fouet

搅拌器

la passoire

滤网

le tamis

筛子

la râpe

磨碎机

le mortier

研钵

le barbecue

烧烤

la cheminée

明火

la planche à découper

菜板

le rouleau à pâtisserie

擀面杖

le tire-bouchon

开瓶器

la boîte

罐子

l'ouvre-boîte

开罐器

les maniques

隔热手套

le lavabo

水槽

la brosse

刷子

l'éponge

海绵

le mixeur

搅拌机

le congélateur

冷藏箱

le biberon

奶瓶

le robinet

水龙头

la salle de bain
浴室

le chauffage
供暖设备

la douche
淋浴

la serviette
毛巾

le rideau de douche
浴帘

le bain moussant
泡沫浴

la baignoire
浴缸

le verre
玻璃杯

la machine à laver
洗衣机

le robinet
水龙头

le carrelage
瓷砖

le pot
便壶

le lavabo
水槽

les toilettes
厕所

la toilette à la turque
蹲便器

le bidet
坐浴器

l'urinoir
小便池

le papier toilette
厕纸

la brosse à toilette
马桶刷

la brosse à dents

牙刷

le dentifrice

牙膏

le fil dentaire

牙线

laver

洗

la douche manuelle

手持式喷淋头

la douche intime

冲洗器

la vasque

洗脸盆

la brosse dorsale

擦背刷

le savon

肥皂

le gel douche

沐浴露

le shampooing

洗发水

le gant de toilette

法兰绒

l'écoulement

排水

la crème

乳霜

le déodorant

除臭剂

le miroir

镜子

le miroir cosmétique

手镜

le rasoir

剃须刀

la mousse à raser

剃须泡沫

l'après-rasage

须后水

la peigne

梳子

la brosse

刷子

le sèche-cheveux

吹风机

la laque pour cheveux

喷发定型剂

le fond de teint

化妆品

le rouge à lèvres

唇膏

le vernis à ongles

指甲油

l'ouate

化妆棉

le coupe-ongles

指甲剪

le parfum

香水

la trousse de toilette

洗漱包

le tabouret

凳子

le pèse-personne

计重秤

le peignoir

浴袍

les gants de nettoyage

橡胶手套

le tampon

卫生棉条

les serviettes hygiéniques

卫生巾

la toilette chimique

化学厕所

le réveil
闹钟

le doudou
毛绒玩具

la voiture jouet
玩具车

le hochet
拨浪鼓

la maison de poupée
玩具屋

le cadeau
礼物

le ballon

气球

le lit

床

la poussette

（洋娃娃用）婴儿车

le jeu de cartes

扑克牌

le puzzle

拼图

la bande dessinée

漫画

les pièces lego

乐高积木

les blocs de construction

积木玩具

la figurine

玩具人

la grenouillère

婴儿服

le frisbee

飞盘

le mobile

床铃玩具

le jeu de société

棋盘游戏

le dé

骰子

le train miniature

火车模型

la sucette

安抚奶嘴

la fête

聚会

le livre d'images

绘本

la balle

球

la poupée

洋娃娃

jouer

玩

la chambre d'enfant - 儿童房

le bac à sable

沙坑

la balançoire

秋千

les jouets

玩具

la console de jeu

游戏机

le tricycle

三轮车

l'ours en peluche

泰迪熊

l'armoire

衣柜

les vêtements

衣服

les chaussettes

袜子

les bas

长袜

le collant

紧身裤

l'écharpe
围巾

le parapluie
雨伞

le t-shirt
T恤

la ceinture
皮带

les bottes
靴子

les pantoufles
拖鞋

les baskets
运动鞋

les sandales

凉鞋

les chaussures

鞋

les bottes de caoutchouc

雨靴

les sous-vêtements

内裤

le soutien-gorge

胸罩

le maillot de corps

背心

le body

身体

le pantalon

裤子

le jean

牛仔裤

la jupe

短裙

le chemisier

女式衬衫

la chemise

衬衫

le pull

套头衫

le sweat à capuche

卫衣

la veste

西装夹克

la veste

夹克

le manteau

外套

l'imperméable

雨衣

le costume

套装

la robe

连衣裙

la robe de mariée

婚纱

les vêtements - 衣服

le costume

西装

la chemise de nuit

睡袍

le pyjama

睡衣

le sari

莎丽

le foulard

头巾

le turban

包头巾

la burqa

波卡

le caftan

卡夫坦

l'abaya

(阿拉伯式)长袍长袍

le maillot de bain

泳衣

le maillot de bain

男式泳裤

le short

短裤

la tenue d'entraînement

运动服

le tablier

围裙

les gants

手套

les vêtements - 衣服

le bouton

纽扣

les lunettes

眼镜

le bracelet

手链

le collier

项链

la bague

戒指

la boucle d'oreille

耳环

le bonnet

便帽

le cintre

衣架

le chapeau

帽子

la cravate

领带

la fermeture éclair

拉链

le casque

头盔

les bretelles

背带

l'uniforme scolaire

校服

l'uniforme

制服

le bavoir

围兜

la sucette

安抚奶嘴

la lange

尿不湿

le bureau

办公室

le serveur
服务器

l'armoire d'archivage
文件柜

l'imprimante
打印机

l'écran
显示屏

le papier
纸

la souris
鼠标

le bureau
办公桌

le classeur
文件夹

le clavier
键盘

la corbeille à papier
废纸筐

l'ordinateur
电脑

la chaise
椅子

la tasse de café

咖啡杯

la calculatrice

计算器

l'internet

因特网

l'ordinateur portable

笔记本电脑

la lettre

信件

le message

消息

le portable

手机

le réseau

网络

la photocopieuse

复印机

le logiciel

软件

le téléphone

电话

la prise

插座

le fax

传真机

le formulaire

表格

le document

文件

acheter

买

payer

付钱

faire du commerce

交易

la monnaie

现金

le dollar

美元

l'euro

欧元

le yen

日元

le rouble

卢布

le franc suisse

瑞士法郎

le renminbi yuan

人民币

la roupie

卢比

le distributeur automatique

提款处

le bureau de change

外币兑换处

l'or

金

l'argent

银

le pétrole

石油

l'énergie

能源

le prix

价格

le contrat

合同

la taxe

税金

l'action

股票

travailler

工作

l'employé

职员

l'employeur

老板

l'usine

工厂

le magasin

商店

l'agent de police
警官

le pompier
消防员

le cuisinier
厨师

le médecin
医生

le pilote
飞行员

le jardinier

园丁

le menuisier

木匠

la couturière

裁缝

le juge

法官

le chimiste

化学家

l'acteur

演员

le conducteur de bus

公交车司机

le chauffeur de taxi

出租车司机

le pêcheur

渔夫

la femme de ménage

清洁女工

le couvreur

屋顶工

le serveur

服务员

le chasseur

猎人

le peintre

画家

le boulanger

面包师

l'électricien

电工

l'ouvrier

建筑工人

l'ingénieur

工程师

le boucher

屠夫

le plombier

水管工

le facteur

邮递员

le soldat

士兵

l'architecte

建筑师

le caissier

收银员

le fleuriste

花农

le coiffeur

理发师

le contrôleur

售票员

le mécanicien

机械师

le capitaine

船长

le dentiste

牙医

le scientifique

科学家

le rabbin

拉比

l'imam

伊玛目

le moine

和尚

le prêtre

牧师

le marteau
铁锤

les pinces
钳子

le tournevis
螺丝刀

la clé
扳手

la torche
手电筒

la pelleteuse
挖掘机

la boîte à outils
工具箱

l'échelle
梯子

la scie
锯子

les clous
钉子

la perceuse
钻机

réparer

修

la pelle

铲子

Mince !

靠！

la pelle

簸箕

le pot de peinture

油漆桶

les vis

螺丝

les instruments de musique

乐器

le haut-parleurs
扬声器

la batterie
打击乐器

la guitare
吉他

la contrebasse
低音提琴

la trompette
小号

le piano

钢琴

le violon

小提琴

la basse

贝斯

les timbales

定音鼓

le tambour

鼓

le piano électrique

电子琴

le saxophone

萨克斯管

la flûte

长笛

le microphone

麦克风

le tigre
老虎

l'entrée
入口

la cage
笼子

le zèbre
斑马

l'alimentation animale
动物饲料

le panda
熊猫

les animaux

动物

l'éléphant

大象

le kangourou

袋鼠

le rhinocéros

犀牛

le gorille

大猩猩

l'ours

熊

le chameau

骆驼

l'autruche

鸵鸟

le lion

狮子

le singe

猴子

le flamand rose

火烈鸟

le perroquet

鹦鹉

l'ours polaire

北极熊

le pingouin

企鹅

le requin

鲨鱼

le paon

孔雀

le serpent

蛇

le crocodile

鳄鱼

le gardien de zoo

动物园管理员

le phoque

海豹

le jaguar

美洲豹

le poney

矮种马

le léopard

豹

l'hippopotame

河马

la girafe

长颈鹿

l'aigle

老鹰

le sanglier

野猪

le poisson

鱼

la tortue

龟

le morse

海象

le renard

狐狸

la gazelle

羚羊

l'american Football
橄榄球

le cyclisme
骑自行车

le tennis
网球

le basket-ball
篮球

la natation
游泳

la boxe
拳击

le hockey sur glace
冰球

le football
英式足球

le badminton
羽毛球

l'athlétisme
田径

le handball
手球

le ski
滑雪

le polo
马球

sauter
跳

embrasser
拥抱

rire
笑

marcher
走路

chanter
唱

prier
祈祷

faire la bise
亲吻

rêver
做梦

écrire
书写

dessiner
画

montrer
展示

pousser
推

donner
给

prendre
拿

avoir

有

faire

做

être

当

être debout

站

courir

跑

trier

拉

jeter

扔

tomber

摔倒

être couché

躺

attendre

等待

porter

携带

être assis

坐

s'habiller

穿衣

dormir

睡觉

se réveiller

醒来

regarder

看

pleurer

哭

caresser

抚摸

peigner

梳头

parler

交谈

comprendre

明白

demander

问

écouter

听

boire

喝

manger

吃

ranger

清理

aimer

爱

cuire

做饭

conduire

开车

voler

飞

les activités - 活动

faire de la voile

航行

calculer

计算

lire

读

apprendre

学习

travailler

工作

se marier

结婚

coudre

缝

brosser les dents

刷牙

tuer

杀

fumer

抽烟

envoyer

寄

la grand-mère
祖母

le grand-père
祖父

le père
父亲

la mère
母亲

le bébé
婴童

la fille
女儿

le fils
儿子

l'hôte

客人

la tante

阿姨

l'oncle

叔叔

le frère

兄弟

la sœur

姐妹

le front
前额

l'œil
眼睛

l'épaule
肩膀

le doigt
手指

le visage
脸

le menton
下巴

la main
手

la poitrine
乳房

la jambe
腿

le bras
手臂

le bébé

婴童

l'homme

男人

la femme

女人

la fille

女孩

le garçon

男孩

la tête

头

le dos

背部

le ventre

肚子

le nombril

肚脐

l'orteil

脚趾

le talon

脚后跟

l'os

骨头

la hanche

臀部

le genou

膝盖

le coude

手肘

le nez

鼻子

les fesses

屁股

la peau

皮肤

la joue

脸颊

l'oreille

耳朵

la lèvre

嘴唇

le corps - 身体

la bouche

嘴

la dent

牙齿

la langue

舌头

le cerveau

脑

le cœur

心脏

le muscle

肌肉

les poumons

肺

le foie

肝脏

l'estomac

胃

les reins

肾脏

le rapport sexuel

性交

le préservatif

避孕套

l'ovule

卵子

le sperme

精子

la grossesse

怀孕

la menstruation

月经

le vagin

阴道

le pénis

阴茎

le sourcil

眉毛

les cheveux

头发

le cou

脖子

l'hôpital
医院

l'ambulance
救护车

le fauteuil roulant
轮椅

la fracture
骨折

le médecin

医生

le service des urgences

急诊室

l'infirmière

护士

l'urgence

紧急情况

inconscient

昏迷

la douleur

痛

la blessure

受伤

l'hémorragie

出血

la crise cardiaque

心脏病发作

l'attaque cérébrale

中风

l'allergie

过敏

la toux

咳嗽

la fièvre

发烧

la grippe

流感

la diarrhée

腹泻

le mal de tête

头痛

le cancer

癌症

le diabète

糖尿病

le chirurgien

外科医生

le scalpel

手术刀

l'opération

手术

le CT

CT

la radiographie

X光

l'échographie

超声波

le masque

口罩

la maladie

疾病

la salle d'attente

候诊室

la béquille

拐杖

le pansement

石膏

le pansement

绷带

l'injection

注射

le stéthoscope

听诊器

le brancard

担架

le thermomètre

体温计

l'accouchement

出生

la surcharge pondérale

超重

l'appareil auditif

助听器

le désinfectant

消毒液

l'infection

感染

le virus

病毒

le VIH / le sida

艾滋病

le médicament

药物

la vaccination

接种疫苗

les comprimés

药片

la pilule

药丸

l'appel d'urgence

急救电话

le tensiomètre

血压计

malade / sain

生病/健康

l'alarme

警报

l'assaut

突击

Au secours !

救命！

l'attaque

攻击

le danger

危险

la sortie de secours

紧急出口

Au feu!

着火啦！

l'extincteur

灭火器

l'accident

意外

la trousse de premier
secours

急救箱

SOS

呼救信号

la police

警察

l'Europe

欧洲

l'Amérique du Nord

北美洲

l'Amérique du Sud

南美洲

l'Afrique

非洲

l'Asie

亚洲

l'Australie

澳洲

l'Océan atlantique

大西洋

l'Océan pacifique

太平洋

l'Océan indien

印度洋

l'Océan antarctique

南冰洋

l'Océan arctique

北冰洋

le Pôle nord

北极

le Pôle sud

南极

l'Antarctique

南极洲

la terre

地球

le pays

陆地

la mer

海

l'île

岛

la nation

国家

l'état

国家

le cadran

钟面

l'aiguille des heures

时针

l'aiguille des minutes

分针

l'aiguille des secondes

秒针

Quelle heure est-il ?

现在几点？

le jour

天

le temps

时间

maintenant

现在

la montre digitale

电子表

la minute

分

l'heure

时

la semaine

周

lundi 周一 — MO
mardi 周二 — TU
mercredi 周三 — W
jeudi 周四 — TH
vendredi 周五 — FR
samedi 周六 — SA
dimanche 周日 — SO

hier

昨天

aujourd'hui

今天

demain

明天

le matin

早晨

le midi

中午

le soir

晚上

les jours ouvrables

工作日

le week-end

周末

la pluie
雨

l'arc-en-ciel
彩虹

le vent
风

la neige
雪

le printemps
春

l'automne
秋

l'été
夏

l'hiver
冬

la météo

天气预报

le thermomètre

温度计

la lumière du soleil

阳光

le nuage

云

le brouillard

雾

l'humidité

潮湿

la foudre

闪电

la tonnerre

打雷

la tempête

风暴

la grêle

冰雹

la mousson

季风

l'inondation

洪水

la glace

冰

janvier

一月

février

二月

mars

三月

avril

四月

mai

五月

juin

六月

juillet

七月

août

八月

septembre

九月

octobre

十月

novembre

十一月

décembre

十二月

les formes

形状

le cercle

圆形

le carré

正方形

le rectangle

长方形

le triangle

三角形

la sphère

球体

le cube

立方体

blanc

白

jaune

黄

orange

橙

rose

粉

rouge

红

violet

紫

bleu

蓝

vert

绿

marron

棕

gris

灰

noir

黑

beaucoup / peu

很多/少许

fâché / calme

生气/平静

joli / laid

美/丑

le début / la fin

首/尾

grand / petit

大/小

clair / obscure

明/暗

frère / soeur

兄弟/姐妹

propre / sale

干净/肮脏

complet / incomplet

完整/缺失

le jour / la nuit

白天/晚上

mort / vivant

死/生

large / étroit

宽/窄

comestible / incomestible

可食用/非食用

méchant / gentil

邪恶/善良

excité / ennuyé

兴奋/无聊

gros / mince

胖/瘦

le premier / le dernier

第一/最后

l'ami / l'ennemi

朋友/敌人

plein / vide

满/空

dur / souple

硬/软

lourd / léger

重/轻

faim / soif

饿/渴

malade / sain

生病/健康

illégal / légal

非法/合法

intelligent / stupide

聪明/愚笨

gauche / droite

左/右

proche / loin

近/远

nouveau / usé

新/旧

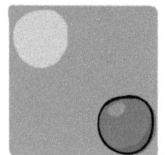

rien / quelque chose

没有/有些

vieux / jeune

老/幼

marche / arrêt

开/关

ouvert / fermé

打开/合上

faible / fort

安静/吵闹

riche / pauvre

富/穷

correct / incorrect

对/错

rugueux / lisse

粗糙/光滑

triste / heureux

伤心/高兴

court / long

短/长

lent / rapide

慢/快

mouillé / sec

湿/干

chaud / froid

温暖/凉爽

la guerre / la paix

战争/和平

les oppositions - 反义词

0

zéro

零

1

un / une

一

2

deux

二

3

trois

三

4

quatre

四

5

cinq

五

6

six

六

7

sept

七

8

huit

八

9

neuf

九

10

dix

十

11

onze

十一

12
douze
十二

13
treize
十三

14
quatorze
十四

15
quinze
十五

16
seize
十六

17
dix-sept
十七

18
dix-huit
十八

19
dix-neuf
十九

20
vingt
二十

100
cent
百

1.000
mille
千

1.000.000
le million
百万

les nombres - 数字

l'anglais

英语

l'anglais américain

美式英语

le chinois mandarin

普通话

le hindi

印地语

l'espagnol

西班牙语

le français

法语

l'arabe

阿拉伯语

le russe

俄语

le portugais

葡萄牙语

le bengali

孟加拉语

l'allemand

德语

le japonais

日语

je

我

tu

你

il / elle / ce, c', cela

他/她/它

nous

我们

vous

你们

ils / elles

他们

Qui ?

谁？

Quoi ?

什么？

Comment ?

怎样？

Où ?

哪里？

Quand ?

什么时候？

le nom

名字

derrière

后面

dans

里面

devant

前面

au-dessus

上方

sur

上面

en-dessous

下面

à côté de

旁边

entre

中间

le lieu

地点